ALFRED DE MUSSET

PARIS. — TYP. SIMON RAÇON ET Cⁱᵉ, RUE D'ERFURTH, 1

A. DE MUSSET

LES CONTEMPORAINS

ALFRED DE MUSSET

PAR

EUGÈNE DE MIRECOURT

PARIS
J.-P. RORET ET Cie, ÉDITEURS
9, RUE MAZARINE, 9
1854

L'auteur et les éditeurs se réservent le droit de traduction et de reproduction à l'étranger.

ALFRED DE MUSSET

Oui, nous avons entrepris une rude tâche; oui, les fibres contemporaines sont irritables, les amours-propres extravagants, les terreurs puériles, les récriminations insensées.

La noble baronne Dudevant (George Sand), traitée d'un bout à l'autre de sa biographie en véritable reine littéraire, est celle qui nous a, jusqu'à ce jour, causé le plus d'ennuis, suscité le plus d'embarras.[1]

Que feront alors les personnages auxquels nous distribuerons beaucoup de blâme et peu de louange? A quoi faut-il nous attendre de leur part?

Nous sommes dans une véritable fosse aux lions.

Mais devant Dieu, et devant notre conscience, nous avons fait serment d'arracher les masques et de déchirer ce vieux voile d'hypocrisie sous lequel notre siècle cache sa face gangrenée.

---

[1] Voir les trois lettres imprimées à la fin de ce volume comme pièces justificatives.

Juvénal n'est pas mort : il nous prêtera, s'il le faut, ses verges inflexibles.

Criez, messieurs, criez au scandale !

Faites-nous des procès, tâchez de tromper le public et de nous donner le cachet d'un diffamateur : le public est avec nous, il rit de vos efforts, il berne votre orgueil, il applaudit à notre hardiesse.

Ah ! vous avez la prétention d'enseigner les peuples ! vous vous posez en réformateurs, vous faites une morale à votre usage, vous prenez une hache et vous démolissez sans être prêts à reconstruire ; et, quand vous montez en chaire, quand vous levez votre étendard, quand vous vous escrimez à l'envi l'un de l'autre de la parole et de la plume, quand tous les échos de la presse sont à vos ordres, vous ne voulez pas qu'on dise à ceux qui vous écoutent comme à ceux qui vous lisent :

Prenez garde !

Vous voyez bien, là-bas, cet homme pâle, dont les lèvres et la plume distillent le fiel ? Il a eu le malheur d'entrer dans le monde par une porte maudite. Au lieu de demander à la résignation, au courage et à la vertu le dédommagement du tort que lui causait sa naissance, il a voulu l'obtenir de la haine, de l'ambition, de l'industrialisme, du mensonge. Il a saisi la société corps à corps pour l'étouffer dans ses bras ; il a prêché toutes les religions, embrassé tous les drapeaux, pour mieux les renier et les conspuer ensuite. Jamais ses principes du lendemain ne ressemblent aux principes de la veille. Ne le croyez pas !

Et cet autre qui, d'apostasies en apostasies, en est arrivé, au bord de sa tombe, à souffleter la foi chrétienne, vous vouliez, n'est-ce pas, transformer son endurcissement en héroïsme? Il vous plaisait d'en faire un demi-dieu? Dans ce cerveau breton résidait, selon vous, toute la raison des siècles, et vous étiez heureux de voir un prêtre renverser l'autel? Eh bien! nous l'avons dit et nous le répétons : vous n'estimiez pas cet homme, vous n'avez pas tendu franchement la main au parjure. Si vous affirmez le contraire, tant pis pour votre logique et tant pis pour vous!

Un biographe n'a point de drapeau; son guide est la vérité, son unique loi la conscience.

Nous laissons de côté les systèmes, nous ne voyons que les hommes.

C'est notre droit, notre droit absolu, de vous regarder et de vous peindre, vous tous tant que vous êtes, qui vous dressez sur les hauteurs de la publicité comme sur un immense piédestal.

Vous posez devant le public, vous posez devant nous.

Si vous êtes en relief, vous l'avez voulu; votre intention formelle a été de vous soumettre à la discussion. Vous parlez haut, il faut vous répondre de même, et votre existence tout entière est justiciable de la critique.

Nous devons, si vous êtes de faux docteurs, ouvrir votre histoire et la donner à lire à ceux que vous avez pu tromper.

Poètes, philosophes, romanciers, hommes de tribune ou hommes de presse, vous nous appartenez tous. Il vous est défendu de vous retirer sous votre tente quand vous avez jeté vos prédications à la foule : elle veut savoir qui vous êtes, elle veut juger votre conduite, elle veut aller jusqu'au fond de votre pensée, elle veut apprendre enfin à qui elle accorde sa confiance.

Ainsi, voilà qui est dit. Poursuivons notre œuvre.

Nous nous trouvons en présence d'un homme sur lequel ne s'est exercée jusqu'à ce jour la plume d'aucun biographe.

Louis-Charles-Alfred de Musset, né à Paris le 11 novembre 1810, est fils de

M. de Musset-Pathay, ancien chef de bureau du ministère de la guerre, mort en 1832.

La souche nobiliaire de la famille est incontestable.

Elle avait un domaine modeste aux environs de Vendôme, où, de père en fils, ses membres ont pu trancher du hobereau et recevoir les hommages des paysans de l'Orléanais.

Depuis environ quatre-vingts ans, les de Musset cherchent leur illustration dans la plume.

Il y eut, à la fin du dernier siècle, un certain Alexandre-Marie de Musset, marquis de Cogners, qui écrivit des mémoires apocryphes et des *Contes moraux* un peu plus médiocres, il faut le dire, que ceux de Marmontel.

Digne émule de la gloire de son cousin, le père d'Alfred employa les nombreux loisirs que nos administrations laissent aux employés à composer une multitude de volumes, qui dorment profondément aujourd'hui dans la poudre des bibliothèques [1].

---

[1] En voici les titres : — ANECDOTES INÉDITES (pour faire suite aux œuvres de madame d'Épinay). — L'ANGLAIS COSMOPOLITE (traduction supposée. — LA CABANE MYSTÉRIEUSE, avec cette épigraphe : *O miseri quorum gaudia crimen habent!* « O qu'ils sont à plaindre ceux dont les joies sont filles du crime ! » (roman dans le goût d'Anne Radcliffe). — PARIS AU PALAIS-ROYAL (œuvre scabreuse). — LES TROIS BÉLISAIRES (le véritable, celui de Marmontel et celui de madame de Genlis). — VOYAGE EN SUISSE ET EN ITALIE (suite de lieux communs très-rebattus). — VIE MILITAIRE ET PRIVÉE DE HENRI IV, etc., etc. — Les deux seuls livres estimés de M. de Musset-Pathay sont : L'HISTOIRE DE LA VIE ET DES OUVRAGES DE J.-J. ROUSSEAU, et la SUITE AU MÉMORIAL DE SAINTE-HÉLÈNE.

Il n'eut de renommée sérieuse que dans sa famille.

Ses deux fils ont marché sur ses traces avec plus de retentissement et plus de bonheur.

L'aîné, Paul-Edme de Musset, débuta le premier dans les lettres par la *Table de nuit*, équipées parisiennes, et par la *Tête et le cœur*, autres équipées. Il a publié, depuis, beaucoup de romans très-remarquables sous le double rapport de l'invention et du style.

Alfred, son frère cadet, acheva ses études dans le même collége que le duc d'Orléans.

Il devint le camarade le plus intime du prince, et resta son ami jusqu'au jour où une destinée fatale entraîna sur la route de Neuilly l'héritier du trône, le condamnant à y périr.

Le poëte dont nous écrivons l'histoire fait partie d'une génération sur les idées de laquelle ont malheureusement influé nos événements politiques. L'enfant qui naissait alors ouvrait les yeux au plus beau rayonnement de la gloire. Son premier cri était un cri d'enthousiasme : il voyait aux pieds de la France l'Europe enchaînée et vaincue.

Tout à coup, et presque sans transition, les ténèbres se firent sur ce rayonnement ; on voulut étouffer cet enthousiasme, et l'ennemi relevé prodigua l'insulte aux vainqueurs.

L'enfant comprenait le triomphe ; il ne comprit pas la défaite.

Grandissant sous un nouvel horizon, poussé vers d'autres issues, il s'obstina, malgré ce qu'on put dire, à contempler avec admiration le passé, et à dédaigner le présent. Il secoua le frein religieux, inséparable, dans son esprit du frein politique. L'impiété ressemblait à une opposition ; il devient systématiquement impie, se révoltant contre la foi et jouant avec le sacrilége.

On vit bientôt cette jeunesse, égarée dans le dédale de l'irréligion et du doute, tomber de chute en chute jusqu'aux plus sombres profondeurs de la débauche.

Habituée à repousser toutes les croyances, elle ne voulut même pas croire à l'amour.

Lorsque 1830 arriva, tout ce vieux levain de discorde et d'incrédulité, chauffé au soleil révolutionnaire, enfanta des œuvres sans nom, des théories monstrueuses que jamais la conscience publique n'eût acceptées à aucune autre époque. La censure n'existait plus, on avait le droit de tout dire. Les écrivains ressemblaient à des chevaux sans bride, lancés au galop dans le champ de la morale, foulant tout aux pieds et ne s'arrêtant plus.

Ce fut alors qu'Alfred de Musset se révéla comme poëte.

Depuis sa sortie du collége, il avait essayé diverses études, la médecine, le droit, la banque, la peinture.

Une éducation superficielle le rendait, de son propre aveu, inhabile à n'importe quelle carrière. Il lisait beaucoup, mais ses lectures, mal digérées, ne se coordonnaient pas entre elles et nuisaient à son jugement.

« Mon esprit, dit-il lui-même dans ses *Confessions d'un enfant du siècle* (sa véritable histoire à peu de chose près), était comme un de ces appartements où se trouvent rassemblés et confondus des meubles de tous les temps et de tous les pays. — J'avais, ajoute-t-il un peu plus loin, la tête à la fois vide et gonflée comme une éponge. »

En 1828, il publia, signée seulement de ses initiales, une assez mauvaise brochure, intitulée l'*Anglais, mangeur d'opium*.

Cela ne mérite pas une analyse.

Il a sans doute oublié lui-même ce premier péché de plume.

A deux années de là, nous le retrouvons au milieu des jeunes littérateurs qui encombraient le salon de la place Royale.

Alfred de Musset venait y lire en présence du maître quelques pastiches d'André Chénier ou des chansons espagnoles, qui lui valurent des encouragements et des éloges.

Heureux d'être applaudi, fier d'avoir gagné l'estime du chantre des *Orientales*, il se mit à travailler avec ardeur, et, six mois après, parurent les *Contes d'Espagne et d'Italie*.

Ce livre produisit dans le monde des lettres l'effet d'un météore : il inspira tout à la fois l'admiration et l'épouvante.

Poussé, comme tant d'autres, par le démon du matérialisme qui se tenait debout, le sceptre à la main, sur les croyances en ruine, le jeune poëte n'avait eu qu'à suivre l'impulsion générale imprimée à son siècle.

Il trouva des milliers d'échos; toutes les passions brutales lui répondirent.

Ceux-là mêmes qui n'eussent point osé, gardant quelque pudeur, tourner la page nue et révoltante, avaient dans le sentiment de l'art un prétexte plausible pour passer outre; car, disons-le, jamais la forme n'a couvert le fond d'une manière plus éblouissante et plus chaleureuse, jamais poëte n'a mis de plus beaux vers au service des tendances perverses de notre nature.

L'auteur de *Justine* et le père de *Fau-blas* verraient aujourd'hui dans toutes les mains leurs livres obscènes, s'ils avaient eu le génie qui a dicté *Don Paez*, les *Marrons du Feu*, — *Mardoche* et *Namouna*.

M. de Sainte-Beuve, occupé depuis un temps indéfini à tracer des portraits extrêmement littéraires, mais peu ressemblants, insinue quelque part avec, son défaut de bienveillance habituel, qu'Alfred de Musset n'est qu'une pâle copie d'une foule de poètes, ses contemporains ou ses prédécesseurs. Si l'on en croit M. de Sainte-Beuve, le jeune homme aurait imité tour à tour André Chénier, Victor Hugo, Shakspeare, Mathurin Régnier, Mérimée et lord Byron. Comme un sculpteur auquel le feu sacré manque, il serait entré dans un muséum pour en mutiler, à l'aide du marteau, les plus belles statues et se faire une statue à lui avec les débris épars des marbres renversés.

M. de Sainte-Beuve a tort.

Il confond à plaisir les essais de l'adolescent avec le travail de l'homme. Les plus grands peintres ont copié des modèles avant d'arriver à une création. Toujours l'étude précède l'œuvre.

L'auteur des *Contes d'Espagne et d'Italie* est bien lui-même ; il n'est pas le reflet d'un autre poëte, il est le reflet d'une époque.

Nous laissons Alfred de Musset répondre à M. de Sainte-Beuve :

Mon verre n'est pas grand, mais je bois dans mon verre.

C'est très-juste.

Malheureusement ce verre est celui de l'orgie.

Excité par d'irrésistibles influences, cédant aux instincts du jour, aux passions matérielles du siècle, le jeune homme n'a pas voulu suivre l'ange de la poésie dans les cieux. Il l'a retenu captif sur la terre, où nous le voyons traîner ses blanches ailes. La voix de cet ange déchu reste douce et pure, on lui trouve de mélodieux accents; mais ses pieds touchent à la fange, et la débauche en passant l'éclabousse.

Nous ignorons jusqu'à quel point l'histoire de la maîtresse infidèle, racontée dans les *Confessions d'un enfant du siècle*, est véritable.

Toujours est-il qu'à côté du matéria-

lisme de son temps, une autre impulsion;
celle de la rage qui envahit tout cœur
loyal indignement trompé dans ses affec-
tions, a dû conduire Alfred de Musset vers
le sentier dangereux où il s'est perdu.

Amour, fléau du monde, exécrable folie,
Toi qu'un lien si frêle à la volupté lie,
Quand par tant d'autres nœuds tu tiens à la douleur,
Si jamais, par les yeux d'une femme sans cœur,
Tu peux m'entrer au ventre et m'empoisonner l'âme,
Ainsi que d'une plaie on arrache une lame
(Plutôt que comme un lâche on me voie en souffrir),
Je l'en arracherai, quand je devrais mourir !

Il y a là un cri de douleur suprême,
une mystérieuse et cruelle souffrance.

Qui que tu sois, ô femme inconnue, sois
maudite ! car tu avais une mission d'en
haut que tu as refusé de remplir.

Ici bas, toutes les croyances sont sœurs.

Celle de l'amour eût éveillé les autres
dans cette blonde tête d'enfant incrédule

et naïf qui reposait sur tes genoux et que
tu n'as pas su prendre à deux mains pour
la tourner vers le ciel.

Oui, sois maudite! car c'est toi qui as
mis l'ignoble réalité à la place du rêve,
du rêve aux douces illusions, aux divines
extases, sylphe radieux que le poëte suit
en chantant au sein d'une région de lumière.

Si tu n'as pas tué le génie, tu l'as dépouillé de sa plus belle auréole.

Tu as arraché la harpe des mains d'un
ange, pour la faire résonner sous la griffe
des noirs démons de la jalousie, de la
haine et du désespoir.

Encore une fois, sois maudite!

Quand on parcourt les premières œuvres
d'Alfred de Musset, on est emporté d'abord

par ce souffle ardent de volupté brutale, qui chauffe le désir et fait bouillonner les sens ; mais, presque aussitôt, l'exaltation tombe, le dégoût lui succède, ou, pour mieux dire, on se sent pris d'une pitié profonde à l'aspect de ce noble génie, qui s'égare, en écoutant ces beaux vers, consacrés à peindre des scènes d'orgie, de meurtre et de scandale.

Il nous semble voir un aigle se métamorphoser en papillon de nuit et brûler son aile puissante à la veilleuse d'une alcôve.

Portia, le troisième poëme du livre, est une œuvre insensée, pleine de sang et d'opprobre, où le mépris pour la vieillesse est affiché de la manière la plus outrageante :

O vieillards décrépits, têtes chauves et nues !
Cœurs brisés dont le temps ferme ès avenues !

Centenaires voûtés, spectres à chef branlant,
Qui, pâles au soleil, cheminez d'un pied lent,
C'est vous qu'ici j'invoque et prends à témoignage.
Vous n'avez pas toujours été sans vie, et l'âge
N'a pas toujours plié de ses mains de géant
Votre front à la terre et votre âme au néant!
Vous avez eu des yeux, des bras et des entrailles!
Dites-nous donc, avant que de vos funérailles
L'heure vous vienne prendre, ô vieillards! dites-nous
Comme un cœur à vingt ans bondit au rendez-vous!

Et M. de Musset jette un jeune amant dans les bras d'une épouse adultère. On entre, on surprend les coupables. Un cri de terreur se fait entendre : « Nous sommes trois ! » Les épées brillent, le mari tombe percé d'un coup mortel, et nos amoureux fuient en gondole.

Les mains rouges encore du sang d'un vieillard, l'amant de Portia dit à sa maîtresse :

. . . . Un vent plus doux commence
A se faire sentir. — Chante-moi ta romance!

Ce dernier trait nous paraît monstrueux: Une poésie de premier ordre ne rachète pas l'immoralité d'un tel sujet.

Quelquefois, du sein de ces ténèbres où s'agite la honteuse débauche, jaillit un splendide éclair. Au rhythme frénétique de la passion succède un chant suave, qu'on écoute avec délice et qui repose le cœur. On a fait la découverte d'une oasis au milieu des sables embrasés du Sahara.

> Gais chérubins, veillez sur elle.
> Planez, oiseaux sur notre nid;
> Dorez du reflet de votre aile.
> Son doux sommeil que Dieu bénit.

Et plus loin :

> Que j'aime à voir dans la vallée
>   Désolée
> Se lever comme un mausolée
> Les quatre ailes d'un noir moutier!
> Que j'aime à voir près de l'austère
>   Monastère,

Au seuil du baron feudataire,
La croix blanche et le bénitier !

Que j'aime à voir dans les vesprées
 Empourprées
Jaillir en veines diaprées
Les rosaces d'or des couvents !
Oh ! que j'aime aux voûtes gothiques
 Des portiques
Les vieux saints de pierre athlétiques
Priant tout bas pour les vivants !

Mais, comme nous l'avons dit, ce n'est qu'un éclair. La danse macabre des ombres du crime et de la débauche recommence.

Nous défendons à qui que ce soit de lire la *Coupe et les Lèvres*, sans ressentir ce dégoût, mêlé d'admiration, auquel semble perpétuellement nous condamner le talent de M. de Musset.

Frank, jeune Tyrolien, dévoré d'ambition, se prend un beau jour à maudire Dieu, son père, la patrie, et prend la fuite après avoir brûlé sa chaumière. Un cavalier passe dans une gorge de la montagne, avec une femme en croupe; Frank tue le cavalier et emmène la femme, qui le suit de bon cœur. Le soir même, il joue; gagne des monceaux d'or et s'écrie :

. . . . Le monde m'appartient!
Il me semble, en honneur, que le ciel et la terre
Ne sauraient plus m'offrir que ce qui me convient.

Mais bientôt sa maîtresse ne lui convient plus. Il la quitte et va chercher la gloire dans les combats. La gloire ne lui donne pas plus de bonheur que l'amour. Il simule sa mort, fait répandre le bruit qu'il a été tué en duel et dit, en voyant les prêtres prier sur son cercueil — car il a le visage couvert d'un masque et regarde tout — :

C'est une jonglerie atroce, en vérité !
O toi, qui les entends, suprême intelligence !
Quelle pagode ils font de leur Dieu de vengeance !
Quel bourreau rancunier brûlant à petit feu !
Toujours la peur du feu. — C'est bien l'esprit de Rome.
Ils vous diront après que leur Dieu s'est fait homme ;
J'y reconnais plutôt l'homme qui s'est fait Dieu.

Il est difficile que le blasphème aille plus loin. Les prêtres se retirent, et la maîtresse de Frank arrive couverte d'habits de deuil.

. . . . Elle vient, la voilà.
Voilà bien ce beau corps, cette épaule charnue,
Cette gorge superbe et toujours demi-nue,
Avec ces deux grands yeux qui sont d'un noir d'enfer.

Ici commence une scène horrible. Frank, toujours masqué, tente sa maîtresse qui le pleure ; il sèche ses larmes au rayonnement de l'or et la rend infidèle sur son cercueil.

Arrêtons-nous.

Ce poëme, dont nous avons plus haut donné le titre, se trouve en tête de la deuxième partie des œuvres de M. de Musset, publiée en 1833 [1].

Qu'on lise et qu'on juge.

La *Revue des Deux-Mondes* essaya de guérir cette pauvre muse ulcérée, qui chaque jour aggravait son mal et marchait à un abîme.

M. Buloz donna de sages conseils au poëte.

— Croyez-moi, lui dit-il, écrivez en prose; essayez de travailler pour un journal chaste, et, quand vous reviendrez à la poésie, vous y apporterez des habitudes

---

[1] Sous ce titre général : *Un Spectacle dans un fauteuil*.

de calme et de sagesse que vous n'avez pas encore.

Alfred de Musset consentit à se laisser diriger et conduire.

Il composa pour M. Buloz quelques proverbes, tournés avec une grâce exquise, preuve évidente que la nature de son talent ne lui ferme pas les plus douces régions de la morale, de la délicatesse et de l'esprit.

Les lecteurs de la *Revue des Deux Mondes* se montraient friands de la prose du poëte : M. de Musset leur donna quinze proverbes [1].

---

[1] En voici les titres : — *André del Sarto*, — *Lorenzaccio*, — *les Caprices de Marianne*, — *Fantasio*, — *On ne badine pas avec l'amour*, — *la Nuit Vénitienne*, — *Barberine*, — *le Chandelier*, — *Il ne faut jurer de rien*, — *Un Caprice*, — *Il faut qu'une porte soit ouverte ou fermée*, — *Louison*, — *On ne saurait penser à tout*, — *Carmosine*, — *Bettine*.

Ces esquisses légères, privées de charpente et bâties sur la pointe d'une aiguille, n'étaient pas le moins du monde destinées à la scène. Une charmante actrice, madame Allan, ne s'avisa pas moins de les jouer dix ans plus tard et à huit cents lieues de Paris, sur un théâtre de Pétersbourg.

Elles eurent un succès de vogue prodigieux.

Les Cosaques renvoyèrent les proverbes d'Alfred de Musset à la Comédie-Française, après en avoir savouré la primeur [1].

---

[1] A l'époque où ses petits chefs-d'œuvre dramatiques furent joués en France, M. de Musset ne travaillait plus. On oublie vite chez nous, et le poëte qui se laisse oublier veut la mort de sa réputation. Les proverbes réveillèrent l'attention publique. C'est à madame Allan peut-être et à M. Arsène Houssaye que l'auteur de *Rolla* doit d'être aujourd'hui académicien.

On sait que la collaboration de l'auteur des *Contes d'Espagne* à la *Revue des Deux-Mondes* lui procura l'inappréciable avantage de connaître madame George Sand et de partir avec elle pour l'Italie.

Mais nous jetterons le voile sur tous les incidents de cette excursion transalpine.

Nous nous sommes trop avancé, peut-être, dans la biographie de l'auteur d'*Indiana*, en laissant pressentir que tous les torts pouvaient être du côté de l'un et en essayant de justifier l'autre.

Venise est la ville des sombres amours : qu'elle garde ses mystères.

Ce qu'il y a de positif, c'est que des fonctions de secrétaire intime, dont l'avait honoré sa compagne de voyage, achevèrent de plonger le poète dans cette tristesse accablante, dans cette profonde désillusion des choses de la vie qui le rendaient indifférent pour tout, même pour sa gloire.

Les ennemis de M. de Musset (jamais les ennemis ne reculent devant la calomnie et le mensonge) ont voulu lui attribuer, à cette époque, un livre odieux, intitulé la *Comtesse Gamiani*, où madame Sand serait, dit-on, peinte de pied en cap sous les plus indignes couleurs.

Quelqu'un présenta l'œuvre à Gérard de Nerval, qui en lut deux pages et s'écria :

— Fi donc !... Alfred de Musset l'auteur d'une pareille ordure ! C'est impossible !

Et il courut jeter le livre dans un réduit de la Bibliothèque Royale, où les livres se déchirent quelquefois, mais ne se lisent jamais.

— Voilà sa place! dit Gérard, justice est faite.

Dévoré par un chagrin inexplicable, dont il ne confiait le secret à personne, Alfred de Musset s'engagea de plus en plus chaque jour dans la voie dangereuse du travail par surexcitation [1].

Chez lui, la matière semblait avoir fait le serment de tuer l'esprit, ou plutôt c'était l'esprit qui cherchait à se suicider par la matière.

En lisant les *Confessions d'un enfant du siècle*, parues en 1836, on comprend

[1] Il n'écrivait jamais sans avoir un flacon d'eau-de-vie sur sa table, et souvent il se faisait amener, comme les peintres, un modèle vivant, dont les poses plastiques venaient en aide à ses inspirations.

toutes les tortures de cette âme de poëte, essayant de s'élever jusqu'à l'amour, et retombant aussitôt sans avoir pu déployer ses ailes alourdies.

Nous empruntons à M. de Sainte-Beuve l'analyse du livre.

« Un jeune homme qui a dix-neuf ans, au commencement du récit, et vingt et un ans à la fin, Octave, né vers 1810 de cette génération venue trop tard pour l'Empire, trop tard pour la Restauration, et qui achève son apprentissage dans le conflit de toutes les idées et sur les débris de toutes les croyances, Octave est amoureux.

« Il l'est avec naïveté, confiance, adoration ; et jusque-là il ressemble aux amoureux de tous les temps.

« Mais, au plus beau de son rêve, un soir à souper, étant en face de sa maîtresse, sa fourchette tombe par hasard; il se baisse pour la ramasser, et voit.... quoi? le pied de sa maîtresse qui s'appuie sur le pied de son ami intime.

« Le réveil est affreux.

« Octave prend à l'instant même la maladie du siècle, comme on prenait autrefois la petite vérole après un brusque saisissement. Il quitte sa maîtresse, se bat avec son ami et est blessé.

« Guéri, il se jette dans la débauche, dans l'orgie, jusqu'à ce que la mort de son père l'en tire.

« Confiné alors aux champs, il y voit une personne simple et douce, plus âgée que lui, mais belle encore, un peu dévote, assez mystérieuse, madame Pierson ; il en vient à l'aimer et à être aimé d'elle.

« Ici mille détails simples, enchanteurs, des promenades dans les bois, avec chasteté, puis avec ivresse.

« On le croirait guéri, heureux, fixé.

« Mais la vieille plaie du libertin se rouvre, elle saigne au sein de ce bonheur et le corrompt. La manière bizarre, capricieuse, cruelle, dont il défait à plaisir son illusion et la félicité de son amie est admirablement décrite. Cela sent son amère réalité.

« Après bien des scènes pénibles, lorsqu'une réconciliation semble à jamais scellée, lorsque Brigitte Pierson consent à tout oublier, à tout fuir du passé, à voyager bien loin et pour longtemps avec lui, survient un tiers jusque-là inaperçu, l'honnête Smith, qui aime involontairement Brigitte et se fait aimer d'elle.

« Octave s'en aperçoit, les interroge, découvre la souffrance de Brigitte, reconnaît que tant de coups qu'il lui a portés ont tué en elle cet amour où elle ne voit plus qu'un devoir.

« Il hésite, il est près de la frapper d'un poignard, mais le bon sentiment triomphe. Il se retire, il s'efface avec abnégation, il se rabat à une amitié sacrée [1]. »

Smith et Brigitte partent ensemble en chaise de poste, et, pour conclusion à l'histoire, M. de Musset nous permettra de

---

[1] *Portraits contemporains*, t. I, page 430 (édition de 1846).

citer quelques vers empruntés au *Spectacle dans un fauteuil*.

Ah ! malheur à celui qui laisse la débauche
Planter le premier clou sous sa mamelle gauche !
Le cœur d'un homme vierge est un vase profond :
Lorsque la première eau qu'on y verse est impure,
La mer y passerait sans laver la souillure ;
Car l'abîme est immense, et la tache est au fond.

Quand on publia les *Confessions d'un enfant du siècle*, Alfred de Musset venait d'entrer dans sa vingt-sixième année.

Jeune, beau, d'une tournure pleine de distinction, et doué d'un grand air de gentilhommerie, qu'il conserve toujours, même dans les circonstances où chacun de nous le perdrait à sa place, il se voyait fort recherché du monde.

Mais il repoussait toutes les avances : les mœurs du salon ne lui offraient aucune sympathie.

A cette époque, il était presque pauvre.

Sa famille ne possédait qu'un médiocre patrimoine, et tout l'argent de ses premiers livres avait disparu en profusions de jeunesse.

Trop orgueilleux pour laisser voir son manque de fortune, il dépensait régulièrement en trois jours les sommes qu'il touchait à la *Revue des Deux-Mondes*, menant une véritable existence byronienne, un train d'enfer, et disparaissait ensuite pour aller s'enfermer à la Ferté-sous-Jouarre, chez des paysans, où il vivait de fromage pendant six mois.

Le duc d'Orléans devina cette gêne, et le contraignit à accepter un emploi de bibliothécaire au ministère de l'intérieur, où il n'y a jamais eu de bibliothèque.

C'était une sinécure, une pension déguisée.

En 1848, on eut le mauvais goût de l'enlever au poëte ; mais l'Empire la lui a rendue.

Il y avait chez le duc d'Orléans certaines petites soirées licencieuses ignorées, selon toute apparence, de Louis-Philippe et de M. Guizot, et où néanmoins on était assez facilement admis.

L'héritier présomptif, en souvenir de son bisaïeul, ressuscitait un peu les soupers de la Régence.

Émile Deschamps et Alfred de Musset lisaient là certaines poésies qu'on ne trouve pas dans leurs œuvres. Seulement, elles ont assez couru sous le manteau pour que chacun les connaisse, principalement celle qui était le plus au goût du prince et qu'il avait apprise par cœur ; elle se termine par ce vers :

« N'achevez pas, noble étranger ! »

Le duc d'Orléans aimait beaucoup les artistes. Il était jeune ; tout s'excuse avec cette raison d'âge.

Mais déjà les lettres et les arts avaient trop de propension au matérialisme pour qu'on les autorisât de si haut à marcher dans cette voie.

Depuis longtemps la *Revue des Deux-Mondes* s'était aperçue qu'elle ne spiritualiserait jamais l'auteur des *Contes d'Espagne et d'Italie*. Peut-être le sermonnait-elle mal ou rentrait-elle un peu dans ses doctrines.

Toujours est-il que M. Buloz ne corrigea rien.

Quand il allait demander de la copie au poëte, celui-ci répondait :

— Envoie-moi ce soir cinquante francs et une bouteille d'eau-de-vie, sinon tu n'auras pas ton proverbe.

Il fallait en passer par là.

Le lendemain le proverbe était fait et la bouteille bue.

Quand on lit ces adorables créations, ces pages si fines, si délicates, où l'esprit court de ligne en ligne, d'un bout à l'autre du dialogue, comme un feu follet resplendissant, on se refuse à croire qu'elles aient pu être enfantées de la sorte.

Bah! s'écrieront quelques bourgeois, ventrus au physique et myopes au moral.

ne dit-on pas que le vin est le lait des vieillards comme celui des poëtes ?

Le vin, c'est possible; mais l'eau-de-vie, non; mais l'absinthe encore moins.

Chapelle, notre vieux et rubicond poëte, buvait pour augmenter son enjouement, pour allumer sa verve, et il buvait du meilleur. Alfred de Musset, au contraire, buvait du pire, afin de chasser de son esprit une pensée cruelle, afin d'étouffer dans son âme un chagrin rongeur. Ce n'était pas de l'intempérance, c'était du désespoir.

Une telle faiblesse, selon nous, est inexcusable.

Le courage est le premier don fait par le ciel au génie : manquer de courage, c'est offenser le ciel.

Que M. de Musset le sache bien : ce

mode de travail, où nécessairement la plume trébuche et tâtonne, est peut-être la cause des écarts que nous reprochons à son talent. S'il a mis au jour de belles créations avec un procédé semblable, pourquoi n'en produirait-il pas de plus belles avec toute la lucidité de son intelligence? Qui nous dit que le poëte sobre ne deviendrait pas un poëte moral? L'œuvre de M. de Musset n'est pas complète; tant qu'il est jeune et fort, elle ne doit pas l'être. Il est impossible qu'il se refuse à réaliser toutes les espérances données aux lettres par ses débuts; il est impossible que son âge mûr ne soit pas une réhabilitation éclatante des torts du passé.

Ses détracteurs ont dit qu'il n'était que soldat dans le régiment où Byron était colonel : il doit travailler pour donner tort à ses détracteurs.

Ses amis le placent au sommet d'une colonne et le proclament le Napoléon des poëtes : il doit travailler pour donner raison à ses amis.

Nous ouvrons la troisième partie de son recueil, et nous lisons en tête de *Rolla* :

Regrettez-vous le temps où le ciel sur la terre
Marchait et respirait dans un peuple de dieux?
Où Vénus Astarté, fille de l'onde amère,
Secouait, vierge encor, les larmes de sa mère,
Et fécondait le monde en tordant ses cheveux?
Regrettez-vous le temps où les nymphes lascives
Ondoyaient au soleil parmi les fleurs des eaux,
Et d'un éclat de rire agaçaient sur les rives
Les Faunes indolents couchés dans les roseaux?

Certes, on ne trouve nulle part une poésie plus riche et plus étincelante ; mais écoutez où M. de Musset veut en venir avec ces préliminaires païens :

O Christ ! je ne suis pas de ceux que la prière
Dans les temples muets amène à pas tremblants ;
Je ne suis pas de ceux qui vont à ton calvaire,
En se frappant le cœur, baiser tes pieds sanglants.
Je ne crois pas, ô Christ ! à ta parole sainte ;
Je suis venu trop tard dans un monde trop vieux.
D'un siècle sans espoir naît un siècle sans crainte ;
Les comètes du nôtre ont dépeuplé les cieux.
Maintenant le hasard promène au sein des ombres
De leurs illusions les mondes réveillés ;
L'esprit des temps passés, errant sur leurs décombres,
Jette au gouffre éternel tes anges mutilés.
Les clous du Golgotha te soutiennent à peine ;
Sous ton divin tombeau le sol s'est dérobé :
Ta gloire est morte, ô Christ ! et sur nos croix d'ébène
Ton cadavre céleste en poussière est tombé.

Où donc le poëte a-t-il vu cette mort du christianisme, décrite par lui en si beaux vers ? dans la fièvre de son délire, sans doute. Et ce délire, qui l'a produit ?

Nous croyons à l'inspiration quand elle est fille du recueillement ; celle de M. de Musset nous paraît avoir une autre origine.

Il se personnifie, lui et toute sa génération, dans *Rolla*.

Ce poëme impie se résume en deux lignes : « Plus de religion, plus de croyances ; mais, en revanche, matérialisme, débauche, et, au bout de tout cela, mort et néant. »

Voilà, sur l'honneur, une poésie bien consolante !

Le héros de M. de Musset se prépare à mourir en passant la dernière nuit qui lui reste aux bras d'une prostituée.

Si tu n'as que de pareils enseignements à donner aux populations, poëte, tais-toi, et fais-nous grâce de tes blasphèmes ! N'arrache point au cœur brisé sa dernière espérance ; n'ôte pas au malheureux la foi qui le soutient. Si c'est un mensonge, qu'importe? Trouvé une vérité qui le remplace ou qui puisse comme lui donner des consolations à l'humanité souffrante.

M. de Musset va nous répondre :

Ne voyez-vous pas que ceci est une fiction ? J'avais besoin de simuler la ruine du christianisme pour en accuser Voltaire et lui dire une bonne fois ma façon de penser à son égard.

> Dors-tu content, Voltaire, et ton hideux sourire
> Voltige-t-il encor sur tes os décharnés ?
> Ton siècle était, dit-on, trop jeune pour te lire ;
> Le nôtre doit te plaire, et tes hommes sont nés.
> Il est tombé sur nous, cet édifice immense
> Que de tes larges mains tu sapais nuit et jour.
> La mort devait t'attendre avec impatience
> Pendant quatre-vingts ans que tu lui fis la cour ;
> Vous devez vous aimer d'un infernal amour.
> Ne quittes-tu jamais la couche nuptiale
> Où vous vous embrassez dans les vers du tombeau
> Pour t'en aller tout seul promener ton front pâle
> Dans un cloître désert ou dans un vieux château ?
> Que te disent alors tous ces grands corps sans vie,

Ces murs silencieux, ces autels désolés,
Que pour l'éternité ton souffle a dépeuplés?
Que te disent les croix? que te dit le Messie?
Oh! saigne-t-il encor quand, pour le déclouer,
Sur son arbre tremblant, comme une fleur flétrie,
Ton spectre dans la nuit revient le secouer?
Crois-tu ta mission dignement accomplie,
Et, comme l'Éternel à la création,
Trouves-tu que c'est bien, et que ton œuvre est bon?

Tout cela est sublime, nous en faisons l'aveu; mais Voltaire est mort, et le christianisme ne l'est pas.

Les temples de nos aïeux sont debout, les autels ont leurs prêtres, la croix n'est renversée ni dans nos villes ni dans nos campagnes, et vous pouvez, si bon vous semble, monsieur de Musset, vous agenouiller et prier devant elle.

Eh! bon Dieu, qui pense aujourd'hui à Voltaire? quelque sot ignorant en retard d'un demi-siècle, un épicier parvenu de la rue Quincampoix peut-être, ou un maire de village qui veut faire pièce à son curé.

Non, poëte, non, tu n'as pas complété ton œuvre. Tu as donné la mesure de ton génie, voilà tout.

Jette au loin tes vieux haillons d'incrédule, lève le front, secoue ta tête inspirée, marche dans la route que Chateaubriand, Victor Hugo, Lamartine, tous nos grands écrivains, ont suivie avant toi.

Une page de chacun d'eux a suffi depuis longtemps pour aplatir les cent volumes de Voltaire, et la tienne, celle que je viens de citer, continue la tâche.

Ne l'oublie pas, les saintes croyances donnent au poëte une double auréole.

Tu es taillé dans le granit avec lequel on sculpte les géants, ne reste plus accroupi comme un pygmée dans l'ornière du doute. Repousse du pied la terre et monte au firmament, où tu trouveras Dieu, la foi, l'amour et l'immortalité !

M. de Musset voudra-t-il nous croire ?

Il trouvera peut-être nos appréciations injustes, et nos reproches vont lui sembler impertinents.

Tant pis alors, tant pis pour lui !

On ne dit la vérité qu'à ceux qu'on aime ou qu'on estime.

Parmi les autres pièces remarquables contenues dans la troisième partie de ses œuvres, on doit citer les *Nuits* pour leur souffle lyrique et leur délicieuse fraîcheur.

LE POETE.

Est-ce toi dont la voix m'appelle,
O ma pauvre muse ? est-ce toi ?

O ma fleur! ô mon immortelle!
Seul être pudique et fidèle
Où vive encor l'amour de moi!
Oui, te voilà, c'est toi, ma blonde;
C'est toi, ma maîtresse et ma sœur!
Et je sens, dans la nuit profonde,
De ta robe d'or qui m'inonde
Les rayons glisser dans mon cœur.

LA MUSE.

Poète, prends ton luth : c'est moi, ton immortelle,
Qui t'ai vu, cette nuit, triste et silencieux,
Et qui, comme un oiseau que sa couvée appelle,
Pour pleurer avec toi descends du haut des cieux.

Il semble, au ton général de ces derniers morceaux, que M. de Musset a voulu faire un pas vers la poésie tendre et religieuse.

Par malheur, il s'est arrêté depuis cette époque, et n'a presque plus rien donné au public, si ce n'est le *Merle blanc*, délicieux petit chef-d'œuvre en prose, qui, à lui seul, eût suffi pour assurer le succès de la publication pittoresque où il a paru[1].

La santé du poëte était chancelante.

Il alla passer quelque temps au château de sa mère, femme de beaucoup d'esprit, qui lui a plus d'une fois donné pour ses œuvres d'excellents conseils. Si l'on en croit les intimes de la maison, c'est à madame de Musset qu'appartient la première idée du *Merle blanc*.

Dans ce petit château de l'Orléanais, douce et solitaire demeure, dont les importuns ignoraient le chemin, se rassemblait, à certaine époque de l'année, la famille tout entière.

Paul, le romancier du *National*, y accompagnait l'auteur de *Rolla*.

Madame de Musset a une fille char-

---

[1] Les *Animaux peints par eux-mêmes*.

mante, adorée de ses deux frères, et qui n'était jamais plus heureuse que le jour où elle pouvait les embrasser au seuil du manoir.

Un oncle paternel, avec sa femme, complétaient la réunion.

Cet oncle existe encore et se nomme M. Desherbiers [1]. Il était sans fortune. Un soir, le poëte lui dit :

— Dans trois jours nous célébrons ta fête, mon oncle. Veux-tu que je te donne pour bouquet une sous-préfecture ?

— Ma foi, je le veux bien, répondit M. Desherbiers.

Le poëte ouvrit un secrétaire, prit une

---

[1] Madame de Musset est une demoiselle Desherbiers. Son frère épousa la sœur de Roehn le peintre, ancienne maîtresse de pension, un peu guindée, un peu pédante, et qui n'était pas très-aimée dans la famille.

plume, traça rapidement quelques lignes adressées au prince, son ami, et, le surlendemain arriva la nomination qui envoyait l'oncle administrer, dans les Vosges, un chef-lieu d'arrondissement.

— Diable ! fit M. Desherbiers, c'est bien loin !

— Que voulez-vous, j'y ai mis un peu d'égoïsme, répondit l'auteur des *Contes d'Espagne*. On m'ordonne les eaux de Plombières, c'est à deux pas de la ville que vous allez habiter. J'irai vous voir tous les ans pour que vous ne périssiez pas d'ennui, et tout le monde me suivra.

— Bravo ! bravo ! s'écria la famille en chœur.

On prépara les malles de voyage, et l'on prit la route des Vosges.

L'oncle fut installé dans sa sous-préfecture à la fin de la semaine.

C'était charmant.

Alfred de Musset ne travaillait plus.

Il avait trente ans, beaucoup de gloire, un peu de paresse, et l'on boit très bien en Lorraine.

Notre poëte daigna trinquer avec les provinciaux et leur montrer son noble front garni des lauriers du Pinde.

Voyant qu'on se familiarisait un peu trop, il reprenait de temps à autre un air de dignité hautaine, une morgue olympienne, et tenait impitoyablement MM. les Vosgiens à distance [1].

---

[1] Poser en grand homme est la préoccupation constante de M. de Musset. Parfois il oublie son rôle, mais il y revient tôt ou tard, au risque de blesser profondé-

Un soir, en traversant une rue, il laissa tomber son gant.

Un jeune avocat, nommé Chappuy, se hâta de le ramasser et le lui rendit avec un salut profond.

M. de Musset ne regarda même pas la personne qui lui faisait cette politesse.

Il prit le gant et continua sa route.

N'ayant jamais eu l'habitude d'être traité en domestique, le jeune homme trouva le procédé peu convenable.

Sa vie d'étudiant n'était pas loin. Il conservait une hardiesse difficile à déconcerter.

Courant après le poëte, il lui cria :

---

ment ceux avec lesquels il s'était humanisé. Il craint la société des gens d'esprit, et recherche de préférence celle des sots.

— Dites donc, bourgeois, vous ne donnez rien pour boire?

A quelques jours de là, Paul, le romancier, reçut à son tour une petite leçon mieux méritée encore, et qui lui vint du même personnage.

On dînait à une campagne voisine. Les paysans aiment à chanter en chœur après boire, surtout quand c'est fête au hameau. Ils prièrent ces dames et ces messieurs de la ville de vouloir bien chanter aussi. Chacun s'exécuta de bonne grâce.

Quand vint le tour de Paul de Musset, il s'excusa, disant qu'il ne savait aucune romance.

— Ah! par exemple! fit sa sœur. Et cette charmante barcarolle que tu as composée l'année dernière à Naples, pourquoi ne la chantes-tu pas ?

— Y penses-tu ? répondit Paul, assez haut pour être entendu : donner de la poésie à ces Hurons !... *Margaritas ante porcos*.

Et il entonna le refrain burlesque :

>Père Barbançon,
>   Çon, çon,
>Payez-vous de l'eau-de-vie ?
>   Oui, oui.

Le reste est connu. Nous prions nos lecteurs de nous dispenser de la citation.

Tout le monde resta stupéfié.

— Monsieur, dit en se levant le jeune avocat, qui avait ramassé, l'avant-veille, le gant du poëte, il paraît que vous ressemblez à votre illustre frère, vous avez des distractions.

— Des distractions? balbutia Paul.

— Sans doute. Vous oubliez le dernier couplet. C'est le meilleur.

— Ah! voyons? fit le romancier.

— Le voici, monsieur.

Et l'avocat d'improviser le quatrain suivant, qu'il chanta d'une voix railleuse :

> J'ai lu dans les livres
> Que les gens d'esprit,
> Sitôt qu'ils sont ivres,
> Sont bien mal appris.

La rime était sacrifiée; mais le coup portait. Tous les convives répétèrent en chœur l'improvisation du jeune homme.

Paul de Musset comprit qu'il est sage de mettre une sourdine à sa voix quand on traite les gens de Hurons.

Du reste, à part ces légères discordes,

les châtelains de l'Orléanais n'eurent qu'à se louer de leur séjour dans les Vosges et de l'accueil hospitalier qu'ils y reçurent. Chacun donnait des fêtes et des bals en leur honneur. Mademoiselle de Musset, douce, bienveillante et spirituelle, grondait ses frères et les empêchait de froisser l'amour-propre de leurs hôtes.

L'auteur de *Rolla* n'assistait point au dîner des Hurons. Il était parti, la veille, pour Plombières.

Entre deux bains il courtisa très-assidûment mademoiselle de la B***, la délicieuse fille du préfet des Vosges. Elle semblait très-flattée des hommages du poète, et l'on pensait que tout ceci allait se dénouer par un mariage ; mais Alfred de Musset, gentilhomme avant tout, craignit de manquer à une promesse d'honneur qu'on exigeait de lui.

Il garda ses habitudes favorites et sa liberté.

Ces habitudes contractées dans le travail, et qu'on avait raison de trouver inutiles et dangereuses dans le repos, empêchèrent M. de Musset d'accepter la main d'une autre jeune personne, dont les qualités et le cœur eussent été pour lui un trésor. Il a passé devant l'ange gardien de son génie sans le reconnaître..

N'est-ce point lui qui a dit quelque part :

Le droit est au plus fort en amour comme en guerre,
Et la femme qu'on aime aura toujours raison.

Pourquoi donc être illogique avec soi-même ?

Que notre poëte y réfléchisse bien, son entêtement à ne pas vouloir se guérir par l'amour, quand l'amour a causé tout le mal, peut le conduire à un abîme. C'est une femme qui l'a perdu, c'est une femme qui doit le sauver.

La vie étrange qu'il mène, depuis tantôt dix ans, n'a aucune raison d'être.

On remarque dans les quelques nouvelles en prose [1] et dans les rares poésies

---

[1] Il a fait paraître l'an dernier le *Secret de Javotte* au *Constitutionnel*. Vers la fin de cette publication, M. Moléri alla le trouver au café de la Régence, afin de lui proposer une affaire de librairie au nom de M. Pagnerre. « — Je veux bien, dit fort prosaïquement M. de Musset ; mais, dame, écoutez, je fais mon commerce, il faudra me payer cher ! Véron me donne cinq mille francs pour ma petite nouvelle, un volume environ : voilà mes prix ! Encore ne comptez pas sur beaucoup d'exactitude ; je suis très-paresseux. » (Textuel.) Nous tenons le fait de M. Moléri lui-même.

qu'il sème de temps à autre çà et là, par caprice ou par distraction, une lassitude prématurée, qui ne tient ni à son talent ni à son âge. Il s'endort dans une gloire dont la floraison a été trop hâtive : le fruit tombera bientôt et ne sera pas servi à la postérité, s'il n'a soin de le faire mûrir à la chaleur du travail.

Allons, poëte, relève-toi, la France te regarde ! Tu as encore de nombreux printemps et de la sève.

> Quand j'ai passé par la prairie,
> J'ai vu, ce soir, dans le sentier,
> Une fleur tremblante et flétrie,
> Une pâle fleur d'églantier.
> Un bourgeon vert à côté d'elle
> Se balançait sur l'arbrisseau ;
> J'y vis poindre une fleur nouvelle,
> La plus jeune était la plus belle :
> L'homme est ainsi, toujours nouveau.

C'est vous, monsieur de Musset, qui

avez écrit cette strophe charmante, et nous pourrions, dans vos œuvres, en citer bien d'autres qui condamnent votre inexplicable sommeil.

On n'a pas le droit de dormir quand on a réveillé tout le monde par de beaux accents lyriques.

L'oncle Desherbiers, le sous-préfet des Vosges, a donné à son neveu deux passions funestes : la passion des échecs et la passion du calembour.

Alfred de Musset passe une bonne moitié de sa vie au café de la Régence, occupé le plus sérieusement du monde à pousser des pions, à conduire des fous, à protéger des tours et à défendre une malheureuse reine contre les entreprises d'un cavalier.

Six ou huit parties de suite ne le fatiguent pas.[1] Il fume quinze cigarettes à la partie et absorbe un nombre incalculable de verres d'absinthe.

Pour ce qui est du calembour, cette niaiserie de notre siècle qu'on a voulu parer, bien à tort, du manteau de l'esprit, cela devient si grave chez notre poëte, qu'il sera bientôt de la force de MM. Viennet et Salvandy.

Comme ce dernier, si Victor Hugo reprend son siége à l'Institut, et s'il est question par hasard de l'innocence de madame Lafarge, on entendra M. de Musset crier, en pleine séance :

« — Eh ! bon Dieu ! nous savons que

[1] Une partie d'échecs dure quelquefois deux heures.

l'*art scénique* vous doit ses plus beaux triomphes! »

C'est M. de Musset qui a dit de l'auteur des *Guêpes* :

« — Je connais mon *Karr à fond.* »

Mademoiselle Augustine Brohan, de la Comédie-Française[1], et Alfred Arago, fils du célèbre astronome, ont beaucoup trop encouragé ce travers du poëte.

Ils sont tous trois les inventeurs du calembour par à peu près.

Nous sommes heureux de pouvoir apprendre à qui l'on doit ces charmantes locutions, dont la langue s'est enrichie de nos jours :

---

[1] La lettre autographe que nous donnons à la fin de ce volume a été adressée par M. Alfred de Musset à la piquante soubrette.

« — Je te *crains* de cheval. »

« — Tu me *plais et bosse.* »

« — Avec quel as *perds-je?* » etc., etc.

Alfred Arago commit ce dernier calembour au milieu d'une partie de lansquenet. Il perdit cent écus et le mérita bien.

Du reste, ni lui ni mademoiselle Brohan ne vont aussi loin que M. de Musset ; ils ne font pas de la recherche de ces mots burlesques leur occupation constante. Arago est un peintre de mérite, aujourd'hui nommé à l'inspection des beaux-arts ; et Augustine a un esprit d'ange quand elle veut s'en donner la peine. Viendra le jour où nous aurons l'occasion de raconter d'elle une foule de traits délicieux, comme en semaient du bout des lèvres Ninon de Lenclos et Sophie Arnould.

Outre le calembour et les échecs, Alfred de Musset possède au suprême degré l'art de l'escamotage.

Un soir, pendant une de ses excursions en Lorraine, sa tante avait rassemblé douze à quinze jeunes personnes très-curieuses de connaître un grand poëte.

A l'entrée de M. de Musset, toutes les poitrines étaient palpitantes.

On le regardait, on s'attendait à lui voir jaillir du front une auréole. Des vers, de beaux vers cadencés et brûlants comme ceux de l'*Andalouse*, avaient été promis au cercle enthousiaste.

Hélas ! toutes les espérances furent déçues !

On voulait admirer un poëte, on n'admira qu'un émule de Robert-Houdin.

M. de Musset coupa le mouchoir d'une de ces demoiselles en vingt morceaux, le lui rendit ensuite dans son intégrité première, et fit passer la bague de sa tante dans la tabatière de son oncle.

Ce fut l'unique divertissement de la soirée.

La plus sérieuse occupation du poëte, lors de son séjour à la sous-préfecture, était de faire tenir un œuf en équilibre sur un verre de montre.

Madame Desherbiers se plaignait amèrement de la consommation d'œufs effrayante de son neveu; elle chargeait la bonne de mettre un grand plat au-dessous de l'équilibriste : de cette façon, les œufs ne tombaient plus à terre, et l'on avait la ressource de les conserver pour la cuisine.

On mangeait tous les jours des omelettes à la table du sous-préfet.

Un matin, le maire de l'endroit entre dans la chambre de l'auteur de *Rolla*. Il le trouve entouré de pincettes, de cannes, de balais, de parapluies, de chaises et de fauteuils les pieds en l'air, et d'une foule d'autres objets qu'il venait très-adroitement de dresser en équilibre.

— N'approchez pas ! cria-t-il, n'approchez pas ! vous allez faire tout tomber !

Il congédia le visiteur pour continuer son opération.

Quand M. de Musset manque ses tours ou quand on évente ses finesses d'escamoteur, il se tire d'affaire par une plaisanterie ou par une mystification, comme ce personnage railleur, qui se vantait d'être doué d'une force musculaire assez puissante pour casser en deux une pièce de cinq francs.

— Je parie que non, lui dit quelqu'un.

— Je parie que si ! Donne-m'en une.

On la lui donna.

Il la prit, la tourna gravement entre ses doigts, eut l'air de vouloir la rompre ; puis, se ravisant tout à coup et la fourrant dans sa poche :

— Bien, dit-il, je casserai cela chez moi à tête reposée.

Avant d'être poëte, on sait que M. de Musset avait essayé d'être peintre. Il garda longtemps les mœurs excentriques et les fantaisies saugrenues du rapin, connaissant toutes les charges, toutes les *scies* d'atelier, et les mettant à exécution dans ses moments d'humour.

Il était de la force de ce Marseillais qui, voyant passer un collégien devant sa porte, leva la jambe et lui administra un grand coup de pied juste à la base de l'épine dorsale.

— Eh! dit le collégien pleurant, qu'est-ce que je vous ai fait?

— Rien.... Juge si tu m'avais fait quelque chose !

Le poëte, à l'heure où nous écrivons, est devenu plus grave, ou, si vous l'aimez mieux, plus triste. Sa dignité d'académicien [1] lui pèse sur les épaules comme un manteau de plomb.

[1] M. de Musset fut élu le 12 février 1852. (Voir dans

Alfred de Musset comprend que, s'il a fait assez pour l'Académie, il est loin d'avoir produit suffisamment pour sa gloire.

Mais le *far niente* l'entraîne.

Il a besoin d'une secousse violente pour raviver entre ses mains le flambeau de la poésie qui va s'éteindre.

Peut-être contribuerons-nous à lui donner cette secousse et à rendre aux lettres françaises un de leurs plus nobles enfants.

Nous le l'avons déjà dit, poëte : relève-toi !

la *Presse* du 28 mai suivant le discours prononcé lors de sa réception par M. Nisard.) La réponse du nouvel académicien fut calme, mesurée, pleine de sagesse ; elle trompa tous ceux qui attendaient une levée de boucliers de la part du plus jeune des poëtes qui ont contribué au mouvement littéraire de 1828. L'Académie a nommé M. de Musset chancelier perpétuel. Les mauvaises langues disent : *Chancelant perpétuel.*

Ceins ta couronne, monte sur ton piédestal, et jette un regard de mépris sur ce troupeau d'hommes grossiers et vulgaires, qui mangent sans faim, boivent sans soif, aiment sans amour, passent la moitié de leur vie à détruire leur santé par des excès, et veulent consacrer ensuite l'autre moitié à la rétablir.

Mais ils n'y parviennent pas.

Avec la santé se perd l'intelligence, et ce qu'il y a d'affreux, ce qu'il y a d'épouvantable ici-bas, quand on est illustre, c'est d'assister aux funérailles de sa gloire.

Dieu a créé le poëte avec la plus radieuse émanation de son essence.

Il en a fait un ange de lumière, un fanal vivant. Cette clarté, qui vient d'en haut, c'est un crime de souffler dessus et de la plonger dans l'ombre.

Le poëte n'a pas le droit de tuer son génie.

Ce génie ne lui appartient pas : il appartient à Dieu, il appartient au monde, il appartient à l'avenir !

FIN.

chère Brohan,

n'ai pas voulu venir
etiez charmante, pa
vous le dirai mais
je suppose. — le der
vous ne doutiez pas
gentil cadeau m'a
rand plaisir, et que j
ai toujours ce bon sou
~~amitié~~ qui vaut bien

Tout à vous

PIÈCES JUSTIFICATIVES.

Première Lettre.

A MONSIEUR
LE RÉDACTEUR EN CHEF DU *MOUSQUETAIRE*

Monsieur,

Une personne qui se donne le titre de mandataire de madame George Sand, me fait l'honneur de m'écrire dans vos colonnes, et m'oblige à vous demander la permission d'user de mon droit de réponse.

Le mandataire de madame Sand m'accuse d'une nouvelle *inexactitude*, à propos à procès fait autrefois à la Société des gens de lettres par l'illustre auteur de la *Mare au Diable*.

J'ai dit et je maintiens que madame Sand, exclusivement occupée, à cette époque, à prêcher, du haut de la chaire socialiste, les saintes maximes de la fraternité, devait mettre plus d'accord entre ses actes et ses doctrines.

Or, le mandataire général de madame Sand n'est pas absolument de cet avis.

Il pense que notre association *rend plus de justice* à l'écrivain célèbre, et que *bien certainement on y blâme mon inqualifiable attaque*.

A ceci, monsieur le rédacteur, il n'y a qu'une réponse possible.

J'ouvre les Archives de la Société des gens de lettres, et j'y vois, à la date du 2 octobre 1849, la note ci-dessous, publiée dans notre *Bulletin* et envoyée à tous nos confrères :

« Ce n'est pas sans un véritable senti-
« ment d'affliction que le Comité s'est vu
« réduit à répondre par un ajournement à
« toutes les demandes d'avances ou de se-
« cours fraternels qui lui ont été adressées
« depuis quelques semaines. Les difficultés
« du temps où nous sommes, l'approche de
« la saison rigoureuse, la sévère modération
« qui distingue d'ordinaire les appels de
« nos confrères à la caisse sociale, sont au-
« tant de circonstances qui ajoutent aux re-
« grets du Comité.

« Mais les ressources trop modiques de
« la Société viennent d'être momentané-
« ment taries par l'obligation de subvenir
« aux frais d'un procès dont une erreur a
« fourni le prétexte légal. Dans cette con-
« joncture, madame George Sand et son édi-
« teur ont usé de leur droit dans toute la
« rigoureuse étendue qu'il comporte. La So-

« ciété a dû débourser, tant pour les frais
« que pour une indemnité à madame Sand,
« qui l'a exigée, *trois mille francs*, somme
« qui aurait suffi à tirer d'un pas difficile
« trente à quarante confrères.

« Madame Sand, qui fait partie de la So-
« ciété des gens de lettres, nous a frater-
« nellement enseigné le respect dû à la pro-
« priété, au préjudice de laquelle l'erreur
« même est indigne d'indulgence; et rien
« n'a été épargné pour que la leçon fût
« frappante. Néanmoins, si nous ne savions
« qu'il y a souvent très-loin de la pratique
« à la théorie, c'est d'un autre professeur
« que nous aurions attendu un si précieux
« enseignement. »

(*Travaux du Comité; chronique du mois.*)

Le mandataire général de madame Sand
peut dire à cela : Votre Comité se compose
de vingt-quatre dignitaires, et l'association
compte cinq cents membres; en consé-

quence, vous êtes loin de donner ici l'opinion de la Société des gens de lettres.

Rien de plus juste, et je continuerai de répondre en compulsant les archives.

Voici un extrait du rapport lu à la séance annuelle du 30 décembre 1849, rapport approuvé et voté, non par le Comité seul, mais par l'Assemblée générale, qui représente la Société tout entière.

M. Auguste Vitu, rapporteur pour le Comité, arrivant au chapitre des *frais judiciaires*, s'exprime en ces termes :

« Ce chapitre comporte deux paragraphes distinctes, savoir : 718 fr. 92 c. applicables aux frais ordinaires de poursuites et d'instances, et 5,000 fr. que coûte à la caisse sociale un procès gagné contre elle par notre confrère George Sand et ses éditeurs.

« Beaucoup d'entre vous, messieurs et chers confrères, connaissent l'origine et les incidents de ce grave procès. L'instance a traversé plusieurs générations de Comités, car elle a ses racines dans un acte administratif de votre ancien agent. Le Comité de 1849 y est parfaitement étranger, et n'a eu que la triste mission de se procurer les ressources nécessaires pour désintéresser madame Sand.

« Pendant que notre agent central cherchait dans son crédit particulier les moyens de nous procurer cette somme, un intermédiaire officieux, autorisé par nous, *s'efforçait d'obtenir* de madame Sand elle-même la remise des 500 francs qui lui étaient *alloués personnellement* à titre de dommages. Il nous répugne de reproduire devant l'Assemblée générale les termes dans lesquels madame Sand enjoignit à son avoué *d'exiger l'exécution intégrale du jugement.* Il suffit de vous apprendre qu'elle n'accéda pas à notre demande. C'était donc bien 3,000 fr. qu'il fallait payer sans retard, si nous voulions éviter la saisie de notre mobiliter, l'interruption de nos ressources et une déconfiture imminente.

« M. Taylor nous a sauvés. Il a trouvé les 3,000 fr. nécessaires, et votre reconnaissance s'accroîtra, messieurs, quand je vous apprendrai par quelle heureuse combinaison la Société va pouvoir effacer de son passif cette somme importante. Nous nous bornerons ici à remercier M. Taylor, notre collègue, moins d'avoir donné à la Société des gens de lettres une preuve nouvelle de son attachement, que de l'avoir consolée, en opposant au *triste exemple d'une avidité heureusement rare dans les lettres*, l'exemple d'une vie tout entière du dévouement le plus pur et le plus désintéressé. » (*Applaudissements unanimes.*)

J'arrête ici mes citations.

Après vous avoir communiqué ces deux documents, il ne me reste plus, monsieur le rédacteur, qu'à laisser le public juge de ce qu'il plait au mandataire de madame

Sand d'appeler *des faussetés* et des *inexactitudes*.

Recevez, je vous prie, mes salutations distinguées.

Eugène de MIRECOURT.

Deuxième Lettre.

« Je vous remercie, mon cher Émile, d'avoir pris la peine de rétablir les faits défigurés par le prétendu biographe qui, en me répondant dans le *Mousquetaire*, a tenu à honneur d'insulter M. de Lamennais jusque sur son lit de mort. Les biographes futurs de ce grand homme consulteront le sentiment de ses contemporains dans ce moment suprême, et liront, presque à la même date, les nobles expressions de MM. Paulin Limayrac, Eugène Pelletan, Taxile Delord et

Laurent Pichat (ce sont les seuls articles qui me soient parvenus jusqu'ici), et la réplique de M. Eugène de Mirecourt, insistant sur une fantastique vision où l'un des plus grands génies et des plus grands caractères des temps modernes lui est apparu sous des traits repoussants et grotesques. La postérité jugera ces divers jugements, et dira lequel est odieux et ridicule.

« Mais ne poussez pas plus loin cette polémique, si l'on s'obstine à répliquer, comme il est probable, par sommation d'huissier, dans le journal qui veut bien accueillir nos réclamations. Taisons-nous : d'abord par gratitude envers Alexandre Dumas, que nous ne devons pas exposer à insérer à perpétuité la prose de réquisitoire de notre adversaire, ensuite pour épargner à celui-ci un nouveau procès en diffamation qu'il semble cependant provoquer de notre part pour compléter sa liste.

« Il me suffit qu'on sache :

« 1º Que ce n'est pas moi qui ai fait saisir le mobilier de la Société des gens de lettres, mais bien les cessionnaires de la Société des gens de lettres qui ont fait saisir le mien ;

« 2° Que cette Société, ayant touché indûment une somme pour la reproduction de mon roman, somme que l'on ne fait pas entrer en ligne de compte dans ses reprises, se trouvait indemnisée par avance des frais de sa condamnation ;

« 3° Que si l'on ne m'eût rendu, enfin, justice, j'aurais été condamnée à payer à mon éditeur 8 ou 10,000 fr. pour avoir écrit la *Mare au Diable*. J'avoue que mes moyens ne me permettraient pas de faire de la littérature à ce prix ;

« 4° Qu'enfin une association qui laisse mettre ses membres dans une situation pareille, et qui, loin de souscrire à un arrangement qu'elle aurait dû être la première à proposer, s'obstine à vouloir plaider à outrance, ne peut que s'attendre à une résistance légale et légitime.

« Je vous sais gré d'avoir constaté ces points principaux dont ma mémoire n'eût point retrouvé les chiffres, et je demeure votre obligée et affectionnée.

George SAND.

« Nohant, 8 avril 1854. »

P.-S. — Je reçois à l'instant le numéro du *Mousquetaire* d'hier qui contient la réponse à laquelle je m'attendais. Je n'y veux rien répondre, car l'appréciation des comités de la Société des gens de lettres, en 1849, n'est pas un fait dont je puisse me préoccuper aujourd'hui. Après la manière offensante dont ils s'exprimaient sur mon compte dans leur chronique du mois, à la date du 2 octobre, ils s'étonnaient, par l'organe de leur rapporteur, le 30 décembre de la même année, que je ne les voulusse pas remercier par un nouveau sacrifice ! C'était, en vérité, vouloir abuser de la longanimité, dont, pour ma part, j'ai donné beaucoup trop de preuves. Ma conscience dort bien tranquille sur le *dommage* que j'ai causé à mes confrères malheureux, et je crois avoir eu lieu de les secourir beaucoup plus depuis que je dispose de ma propriété littéraire.

Sachez donc résister, mon cher Émile, même au désir d'expliquer le fait des 500 francs. Tout le monde aura compris que, dans la pensée du tribunal, ils étaient destinés, non à m'indemniser d'un préjudice personnel dont je n'avais pas entendu demander réparation, mais à payer mes avocats, et qu'ayant eu à soutenir deux procès et à me défendre jusqu'en appel, cette somme n'aurait point suffi à me couvrir de mes déboursés, alors même que je n'eusse pas jugé à propos d'en disposer autrement.

G. S.

Troisième Lettre.

A MADAME GEORGE SAND.

Madame,

J'ai l'honneur de clore en quelques lignes une discussion trop longue et où vous finissez par apporter beaucoup d'aigreur. Si votre biographie, toute bienveillante, eût été agressive, que me serait-il arrivé grand Dieu ! Vous avez les fibres de l'orgueil trop susceptibles, madame; votre colère n'est pas adroite, elle manque de dignité. Je ne suis ni *odieux* ni *ridicule* pour avoir jugé M. de Lamennais au point de vue de la religion, de la morale et de la conscience. Vous et les vôtres n'êtes pas, que je sache, la raison souveraine, et, tout en admirant votre style, je n'accepte d'une manière absolue ni vos idées ni vos jugements.

Agréez, je vous prie, mes plus respectueuses salutations.

Eugène de MIRECOURT.

P. S. Quant à ce que vous appelez fort spirituellement ma *prose de réquisitoire*, permettez-moi de vous dire, madame, que la manière dont vos amis entendent le droit et la liberté ne m'a jamais permis d'obtenir l'insertion de mes réponses autrement que par sommation légale.

E. de M.

CONCLUSION.

Les deux pièces tirées des archives de la Société des gens de lettres restent entières : donc le biographe n'a dit aucune *fausseté*. Nous ne demandions pas à prouver autre chose.

www.ingramcontent.com/pod-product-compliance
Lightning Source LLC
LaVergne TN
LVHW050632090426
835512LV00007B/800